世紀
人物100

任重道遠

文成公主

默默 著

三民書局

世界上最幸福的孩子 ，是他們一出生就
有機會接近故事書，想想看，那些書中的人
物，不論古今中外都來到了眼前，與他們相識，不僅分享了各個人
物生活中的點滴，孩子們的想像力也隨著書中的故事情節飛翔。

不論世界如何演變，科技如何發達，孩子一世幸福的起源，仍
然來自於父母的影響，如果每一個孩子都能從小在父母親的懷抱中，
傾聽故事，共享閱讀之樂，長大後養成了閱讀習慣，這將是一生中
享用不盡的財富。

三民書局的劉振強董事長，想必也是一位深信讀書是人生最大
財富的人，在讀書人口往下滑落的多元化時代，他仍然堅信讀書的
重要，近年來，更不計成本，連續出版了特別為孩子們策劃的兒童
文學叢書，從「文學家」、「藝術家」、「音樂家」、「影響世界的人」
系列到「童話小天地」、「第一次」系列，至今已出版了近百本，這
僅是由筆者主編出版的部分叢書而已，若包括其他兒童
詩集及套書 ，三民書局已出版不
下千百種的兒童讀物。

劉董事長也時常感念著，
在他困苦貧窮的青少年時
期，是書使他堅強向上，在社
會普遍困苦 ，而生活簡陋的

年代，也是書成了他最好的良伴，他希望在他的有生之年，分享這份資產，讓下一代可以充分使用，讓親子共讀的親情，源遠流長。

「世紀人物 100」系列早就在他的關切中構思著，希望能出版孩子們喜歡而且一生難忘的好書。近年來筆者放下一切寫作，接下這份主編重任，並結合海內外有心兒童文學的作者共同為下一代效力，正是感動於劉董事長致力文化大業的真誠之心，更欣喜許多志同道合的朋友，能與我一起為孩子們寫書。

「世紀人物 100」系列規劃出版一百位人物故事，中外各占五十人，包括了在歷史上有關文學、藝術、人文、政治與科學等各行各業有貢獻的人物故事，邀請國內外兒童文學領域專業的學者、作家同心協力編寫，費時多年，分梯次出版。在越來越多元化的世界中，每個人都有各自的才華與潛力，每個朝代也都有其可歌可泣的故事，但是在故事背後所具有的一個共同點，就是每個傳主在困苦中不屈不撓，令人難忘的經歷，這些經歷經由各作者用心博覽有關資料，再三推敲求證，再以文學之筆，寫出了有趣而感人的故事。

西諺有云：「世界因有各式各樣不同的人群，才更加多采多姿。」這套書就是以「人」的故事為主旨，不刻意美化傳主，以每一位傳主的生活經歷為主軸，深入描寫他們成長的環境、家庭教育與童年生活，深入探索是什麼因素造成了他們與眾不同？是什麼力量驅動了他們

鍥而不捨的毅力？以日常生活中的小故事，來描繪出這些人物，為什麼能使夢想成真。為了引起小讀者的興趣，特別著重在各傳主的童年生活描述，希望能引起共鳴。尤其在閱讀這些作品時，能於心領神會中得到靈感。

　　和一般從外文翻譯出來的偉人傳記所不同的是，此套書的特色是，由熟悉兒童文學又關心教育的作者用心收集資料，用有趣的故事，融入知識，並以文學之筆，深入淺出寫出適合小朋友與大朋友閱讀的人物傳記。在探討每位人物的內在心理因素之餘，也希望讀者從閱讀中，能激勵出個人內在的潛力和夢想。我相信每個孩子在年少時都會發呆做夢，在他們發呆和做夢的同時，書是他們最私密的好友，在閱讀中，沒有批判和譏諷，卻可隨書中的主人翁，海闊天空一起遨遊，或狂想或計畫，而成為心靈知交，不僅留下年少時，從閱讀中得到的神交良伴（一個回憶），如果能兩代共讀，讀後一起討論，綿綿相傳，留下共同回憶，何嘗不是一幅幸福的親子圖？

　　2006 年，我們升格成為祖字輩，有一位朋友提了滿滿兩袋的童書相送，一袋給新科父母，一袋給我們。老友是美國國家科學院院士，曾擔任過全美閱讀評估諮議委員，也是一位慈愛的好爺爺，深信閱讀對人生的重要。

他很感性的說：「不要以為娃娃聽不懂故事，我的孫兒們一出生就聽我們唸故事書，長大後不僅愛讀書而且想像力豐富，尤其是文字表達能力特別強。」我完全同意，並欣然接受那兩袋最珍貴的禮物。

因為我們同樣都是愛讀書、也深得讀書之樂的人。

謹以此套「世紀人物 100」叢書送給所有愛讀書的孩子和家庭，以及我們的孫兒——石開文，他們都是世界上最幸福的孩子，因為從小有書為伴，與愛同行。

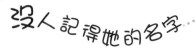

没人記得她的名字

作者的話

（貞觀）十五年，妻以宗女文成公主，詔江夏王道宗持節護送，築館河源王之國，弄贊率兵次柏海親迎……公主惡國人赭面，弄贊下令……

歷史上關於文成公主的記載，《新唐書》上只寥寥出現了這麼幾句。

魯莽接下了這份撰寫工作的我，一開始可說是茫然無頭緒，甚至蒼涼的驚覺：沒人記得她的名字！

照理說，這位被封為文成公主的女孩應該是姓李。但是，她到底叫什麼名字？遠赴吐蕃（即今西藏）和親時究竟幾歲了？恐怕除了當時認識或曾接觸過她的人之外，無人知曉，甚至……無人曾經想過要關切、記住吧！

然而，這個名字早已被人遺忘的女孩，卻在往來中原和吐蕃的唐蕃古道上，投下了悠長的芬芳身影，留下了許多優美的溫暖傳說。

不管是遠古的唐人與吐蕃人、當今的我們與藏人，雖然再也無法知曉她的名字，但都記得曾經有個正值青春年華的女孩穿越千山萬水，身負所謂的「和親」重任，從此離鄉背井，扎根於異域，未曾再返回中原家鄉。

如此在史料上以精短數語總結的「一生」，卻要延展成一本適合青少年閱讀的傳記小說，我彷彿站在一望無際的時空荒原上，茫然

失措，毫無頭緒；不管朝哪個方向喊出心底的一連串疑惑，都沒人回應。

開始著手撰寫《任重道遠：文成公主》是在 2003 年的冬天，當時的網路搜尋系統和資料建檔都沒有現在這麼豐富，正確性也令人質疑；即使上圖書館尋找資料，找到的僅是類似新、舊《唐書》內容的白話版譯文資料，並未有任何更詳盡的史料可供參考。就在無計可施之際，我想到了「蒙藏委員會」——也許，西藏史籍多少也會提到這位來自漢地的文成公主吧！

不同於漢人史籍對這位女孩的輕忽與冷漠，幾乎是以神話或宗教傳說體裁所寫成的西藏史籍對文成公主描述甚多，故事精采動人；在藏人眼中，文成公主猶如精通十八般武藝的奇女子，為這個高原上的王國帶來了許多奇蹟與喜樂。更有趣的是，如果真如西藏史籍所說的，當時文成公主入藏時，她的夫婿松贊干布早已娶了尼泊爾公主為妃，甚至後來還娶了數位妃子，顯而易見的，文成公主是藏人著墨最多、最具正面印象與影響的一位，最後還被神格化，成了藏人供在寺裡瞻仰、祈願的「度母」。

雖然目前有越來越多旅居海外的藏人不再推崇象徵「漢化」的文成公主，他們認為：文成公主之所以會有如此崇高的地位，完全是因為英明的松贊干布開創了吐蕃王國的新文化格局與政治版圖，深受古今藏人景仰、敬愛，並視這位吐蕃國王為觀世音菩薩的化身，藏人才會愛屋及烏，將帶來豐饒漢文化的文成公主當作幫助觀世音菩薩教化西藏的度母。但平心而論，文成公主對西藏文化的影響，以及增進漢、藏兩族的相互了解與交流，仍非幾筆即可匆匆帶過。

翻查了中譯的西藏史籍《王統世系明鑑》（薩迦・索南堅贊著，陳慶英、仁廣扎西譯，遼寧人民出版社），加上如獲至寶的研究專書《公主柳——西藏文化的變遷模式》（汪幼絨著，蒙藏委員會專題研究叢書）、幾頁影印來的《舊唐書》和《新唐書・卷一百九十五考證》……我開始思忖該如何描述文成公主和親的始末；如何讓文成公主的人物性格與形象更鮮明；如何建構初唐的時代氛圍，重現當時的場景與生活，讓筆下的唐朝和文成公主更具真實感。

這一整理和思忖，才發現最難寫的不是身影模糊的文成公主，而是貫穿故事後半部的重要場景——唐蕃古道。

在那一條長約三千公里的古道上，流傳著各種文成公主傳說的赤嶺（日月山）、倒淌河、青海草原……甚至是至今仍香火不斷的文成公主廟，我都未能親自前往探查。那裡的山有多高？河有多寬？古道上的風吹起來是否乾冽或溫潤？那裡長著什麼樣的樹和草？沿途的居民憂愁或微笑時是什麼模樣……我完全一無所知。

因此，原本應該是敘述最精采、生動的這段艱辛西行路程，我斂著筆，不敢漫天亂寫；否則，那些搭過青藏鐵路或跑過青藏公路的旅人，可是會訕笑的。這是我在撰寫這本傳記小說時，最引以為憾，也最感到拘束困窘的。

永隆元年，文成公主薨。

同樣的，不管是《舊唐書》或《新唐書》，文成公主的殞落離世也是以最簡短的方式如此交代。她彌留殘喘之際，唐朝與吐蕃正苦

苦交戰，唐朝兵力更是早已大不如前……

　　寫到此處，我的心隱隱痛了一下。

　　文成公主離開長安西行後，她與夫婿松贊干布相處不到十年，松贊干布即撒手人寰，文成公主並未隨著前來弔唁的唐國使者返回長安，仍堅持留在吐蕃，又繼續住了將近三十年之久，終老於雪域高原上。

　　如此漫長的吐蕃歲月，她是早已融入異域文化，甘之如飴的安身立命了？還是明白故鄉人事已非，惆悵抑鬱而終？

　　答案，想必是錯綜複雜，並非三言兩語即可說完。

　　和親，這兩個字看似可喜可賀——象徵著唐太宗開明懷柔、唐朝勢力強大外擴——其實蘊藏了多少女孩的血淚與辛酸啊。

　　任重道遠，真的一點也不為過。

寫書的人

默　默

　　喜愛閱讀兒童文學，也喜愛創作兒童文學。希望藉由寫作，帶領小讀者以更深入的角度、更遼闊的胸襟認識這個世界。

　　非常喜歡旅行。自從寫了這本書之後，對西藏又多了一份嚮往和親切。期待有朝一日能踏上唐蕃古道，看看青海的春日花海和草原、雪域高原的瓦藍天空、拉薩布達拉宮、大昭寺與傳說中的公主柳。

任重道遠

文成公主 目次

文成公主

623～680

1 長安春曉

「咚——！」

深廣宏偉的太極宮*內，響起了五更天第一擊鼓聲。

在黎明前的黑暗中，長安城一百零八坊的街鼓，由北至南，從東而西，按序一一敲響，各座大小坊門也跟著陸續開啟。

這般沉穩醒人的鼓聲，總共要敲上三千下，直到晨曦透亮，才會停歇靜定。

由朱雀門*直敞通往明德門*的朱雀大街，隨著那陣陣晨鼓，逐漸染上微泛淡紫的曙色。大街兩旁的槐樹，正綻放著清甜、潔白的槐花，雲雪似的，綴滿寬達一百五十五公尺的朱雀大道。

位居皇城東南的東市*，以及西南的西市*，和著鼓鳴，喧騰了起來——

放大鏡

*太極宮　位在長安城最北端的宮城內，是唐人沿用隋朝的大興宮改建而成的。每逢舉行國家大典時，唐太宗會親臨太極宮的正門——承天門，接受文武百官的朝賀。位在太極宮前半部的太極殿和兩儀殿，是唐太宗接見群臣和處理朝政的地方；重要的中書省、門下省等官署也設在那一區。在唐太宗的時代，太極宮可說是唐朝的政治中樞。

*朱雀門　一踏出太極宮的承天門，就從宮城來到了皇城。朱雀門是皇城的南正門，和宮城的承天門南北相對。朱雀門外是一條又長又直、貫穿整座長安城的朱雀大街。

*明德門　只要從朱雀門沿著朱雀大街直直往南走，就可抵達長安城的正南門——明德門。這座城門比長安城的其他城門更加宏偉，東西長 55.5 公尺，南北寬 18.5 公尺，一共有五條出入用的門道。出了明德門，就等於出了長安城。

*東市　位在皇城的東南方。許多達官顯貴在朱雀大街以東、靠近宮城和皇城的里坊建造住宅，吸引了許多商人前來這一帶經營買賣。東市起碼有二百二十多種行業、數萬家店鋪，相當繁榮。

*西市　位在皇城的西南方，可說是一個相當國際化的貿易區域，周圍住有許多從事國際貿易的胡商。不少來自西域的商人在這裡販賣珠寶玉石，接著再採購絲綢、瓷器和茶葉回國。盛唐以後，西市的繁榮更超過了東市。

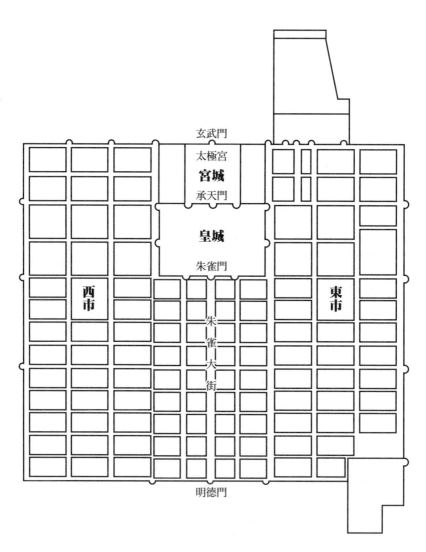

唐朝長安城示意圖

骨碌碌的貨物拖板車、雜沓的腳步聲、清脆的馬蹄、沉亮的駝鈴、操著各種語言與腔調的談笑吆喝……

這是唐朝貞觀八年（634年），長安城的某個春晨。

不同於東市與西市的熙熙攘攘，蹲踞在長安城東北一帶、緊臨宮城和皇城的里坊，整體的氣氛倒是肅穆、幽靜多了。

住在這裡的，大多是王公貴族、大臣或宦官。座座宅邸，雄偉豪華，精雕細琢。里坊周邊的紀律始終森嚴，自然少了一般庶民宅區的囂鬧與紛亂。

「小姐，堂小姐請您待會兒用過早膳後，一起下棋呢。夫人說，那麼今早就暫不習

字；姐妹們對弈，亦可怡情養性。」

其中一幢宅邸的某方小花園裡，傳出某個丫鬟的清亮應對聲。

在新綠柳條的掩映下，正對小花園的格子窗前，說話的丫鬟正忙著為一個年約九歲的貴族小女孩梳理、整裝。

「太好了。那得請母親遣人快去回覆一聲。」

這個衣飾麗緻的小女孩，手持一把鑄造精細的揚州小銅鏡，亭亭立在仲春的晨光中，笑著看了窗外的柳條一眼。

對她來說，眼前這個花團錦簇的小世界，彷彿是整座大唐長安城的繁麗縮影 —— 盛美，太平，意趣盎然。

然而，在這座小花園的牆門外，在圍守宮城的高牆內，

一樁跟她未來息息相關的國際事件，卻即將發生。

　　此刻的太極宮正殿，裡裡外外萬頭攢動。身著各品官服的文武百官、宦官、侍女……或站或走，等候皇上早朝。人人刻意放輕腳步、壓低音量，絲毫不敢造次放肆。

　　「皇上駕到。」司儀的官員高聲宣布。

　　一個身著黃袍的魁梧人影，緩緩步出。唐太宗高高端坐在龍椅上，接受文武百官的行禮朝拜。

　　一時間，氣氛肅穆莊雅。

　　各品官員手執象牙或竹片製成的笏※，作揖鞠躬。紫、深紅、淺紅、深綠、淺綠、深青、淺青、黃……各種色澤的官服，按照階級順序排列，看

起來優雅有致。繫在百官腰間的金、銀魚袋*與各色玉珮，被透進大殿的天光，照得耀眼璀璨。

自「玄武門之變」*後，大唐中土在唐太宗的治理下，政治、經濟、文化等各方面日趨昌盛，名聲遠播，不僅以武力屈服西域、四海等諸國，也

放大鏡

*笏　古代朝臣上朝時，總會用雙手拿著笏，把它當作小抄用的記事手板，以免忘了準備向皇帝報告的內容。笏的材質也分等級。唐朝的一品到五品官持象牙笏，六品以下持竹笏。

*魚袋　唐朝官員掛在腰際的魚袋，是官員職務的身分象徵。一、二、三品官佩戴金魚袋，四、五品官佩戴銀魚袋。

*玄武門之變　武德九年（626年）六月四日，當時軍功卓著、仍是秦王的李世民，見自己的兄長東宮太子李建成和弟弟齊王李元吉荒淫無度，且屢屢計謀要陷害他，於是在房玄齡的建議下，經過周密的策劃，在宮城的北門——玄武門埋伏殺死李建成和李元吉。後人稱這次事件為「玄武門之變」。唐高祖在群臣的進言下，只好改立李世民為太子。李世民——也就是唐太宗即位後，果然不負眾望，將大唐打造成一個國際性的泱泱大國，統領四方。

以高度文明吸引了外國商人、僧侶、使節和留學生來此駐留。

西元 7 世紀的長安，早已迅速發展為成熟的國際性大都會。統理如此泱泱大國的唐太宗，更被冠上「天可汗」※的尊號。

因此，在這個春日的早朝，唐太宗除了與百官商討研議國內外重要事務、聽取各羈縻州府※的地方狀況簡報之外，還有眾多外國使節等著入內覲見。

「吐蕃※使者覲見。」

宏亮的通報聲才剛響完，只見兩個穿著窄袖長袍、外披氈裘、腳踩皮靴、膚色黑裡透紅的雄壯男子，邁著大步，豪氣的跨入正殿。

行禮過後，這兩位吐蕃使

者呈上吐蕃贊普＊松贊干布＊所
朝貢的雪白哈達＊與金器，並
恭恭謹謹的提出一項請求：
　　「吐蕃素來景仰大唐文

放大鏡

＊天可汗　「可汗」是古代西域各族對族裡
君長的尊稱。貞觀四年（630年），唐太宗平定東突厥，西域各
國因此尊崇唐太宗為「天可汗」，代表唐太宗統領西域諸國、地
位在諸國的可汗之上。

＊羈縻州府　唐太宗平定了東突厥以後，開始在東突厥等少數
民族原來居住的部落設置羈縻州府，並讓部落原來的君長擔任
各級長官，治理當地的事務。如此一來，不僅有助於邊疆的統
一，還提高了唐朝中央政府的威望，唐太宗更因此受到各族的
尊崇。

＊吐蕃　西元7世紀，青藏高原的古老游牧民族建立了吐蕃王
朝，是唐朝西邊最強的勢力。這個古老王朝的所在地，就是現
在的西藏。

＊贊普　吐蕃人稱他們的國王為贊普。

＊松贊干布　《新唐書》稱這位吐蕃贊普為棄宗弄贊，西藏人
卻尊稱他為松贊干布。629年，松贊干布即位，為吐蕃王朝打
造了第一個盛世，統一了吐蕃各部族，並定都邏些，也就是現
在的西藏拉薩。

＊哈達　是一種長條狀的絲織品。唐朝的吐蕃人、甚至現在的
西藏人，不僅把哈達當成獻給彼此的禮物，也用來獻神。哈達
有各種顏色：白、藍、綠、紅、黃，其中以白色哈達最為尊貴。

化，聽聞突厥與吐谷渾＊皆來請婚，希望天可汗也能將大唐公主許婚於本國贊普，以加深、鞏固兩國情誼。」

唐太宗聽了，不禁微皺眉頭，暗自苦惱起來。他沉思了片刻，僅僅簡短的答覆：「朕此刻實無法立即允婚，這事他日再議吧。」

吐蕃使者只好黯然離去。臨走前，兩人正好瞥見站在一旁、也等著入朝覲見天可汗的吐谷渾使者。

由於吐蕃與鄰國吐谷渾一向不睦，在吐蕃使者眼中看來，吐谷渾使者似乎面露幸災

放大鏡

＊吐谷渾　原是遼西慕容鮮卑族的一支。西元 4 世紀，在首領吐谷渾的帶領下，在現在的甘肅和青海一帶建立了屬於自己的國家。663 年，被吐蕃征服，成為吐蕃統治下的吐谷渾邦國。

樂禍的神色；因此，更加深了心底的諸多埋怨與不平。

請婚挫敗的吐蕃使者，心裡萬分焦灼，不斷忖度著回國後該如何向贊普交代。忿忿不平的兩人，便決定將過錯推到吐谷渾使者身上。

「今天又有什麼吐蕃來的使者求婚。」

早朝結束後，兩個老宦官一邊盯著侍女們收拾，一邊竊竊私語。

「吐蕃？那種餓鬼之地，堂堂大唐公主們怎肯屈就？」

「是呀，過得不好，別說改嫁＊，喊爹也聽不見哪。」

「聽說，一般人光從大唐走到吐蕃，就得花上一、兩年。」

「嘖嘖，真是千里迢迢。」

　　就在老宦官們叨叨絮絮的宮城之外，在另一座美麗的薔薇花園裡，兩個貴族小女孩端坐在靠窗的紫檀小几兩側，靜靜對弈。

　　「唉呀，我們這局棋可真是轟轟烈烈，都戰到大老遠的西域去啦。」年紀較長、看起來約莫十一歲的貴族女孩，看著棋盤上排得密匝匝的雙色棋子，摀嘴笑著說。

　　「那麼，姐姐妳說，這會兒我們已經打到哪裡了呢？」清晨還望著青嫩柳條微笑的那個貴族小女孩，正盯著這場輸贏未定的棋局，低頭思索，並有

放大鏡

　　＊唐朝的社會風氣相當開放，婦女有一定的社會地位，不僅有屬於自己的社交活動，可以相偕騎馬出遊、打獵、拔河、打毬和下棋等，更可以和男性公開交談或交往，甚至主動、勇敢的追求愛情，改嫁、再婚頗為自由。

意無意的問了這麼一句。

「嗯……從我這頭看呢，如果右手邊是我們生活的大唐，那我現在準備用這顆棋子圍困妳的地方，就叫做……吐蕃吧。」說著，大女孩俐落的擺下一子，眼看著即將贏定。

「瞧我的！」小女孩忽露出欣喜的微笑，小手抓著棋子一擱，替這場艱困的棋局畫下了句點。

「真沒料到妳還有這一著。」大女孩爽朗大笑，伸手輕捏了小女孩的面頰一把，「我這妹妹啊，真是冰雪聰明，無人能及。不玩啦，吃些點心吧。」

說完，堂姐妹倆離了散滿棋子的憑窗小几，手挽手走到薔薇盛開的花園裡，倚著小亭子的木欄杆賞花。丫鬟們趕緊

去廚房端來幾盤新鮮小點心，並聚在小廳一角，碾茶餅、煽火沸水煮熱茶。

「姐姐，妳剛剛說的吐蕃，很遠嗎？」小女孩相當好奇，禁不住再次追問，「真奇怪的名稱。到底是個什麼樣的國家啊？同我們大唐關係好不好？」

「這個……我也不是很清楚。」大女孩咬了口捏成薔薇花樣的小麵捲，溜著眼珠子邊想邊答，「只不過曾聽大人聊起西域那邊的情況，才知道吐蕃這個國家。據說，吐蕃人十分奸巧、強悍又野蠻。幾乎整個西域都臣服在它腳下呢。」

「西域，吐蕃，聽起來好遙遠。」

小女孩啜口加有鹽花的熱茶＊，垂眼凝望茶碗裡徐徐裊

裊的茶氣，想像著西域大漠、高山、草原的無垠與蒼茫……

放大鏡 ＊唐朝製茶和喝茶的方式，和現在有相當大的差異。當時的人會將茶加鹽一起煮沸，茶器裡還有專門用來盛放鹽花的鹽臺。

2 高原霸主

　　日凍風寒，披星戴月，請婚挫敗的吐蕃使者們，才離開春花處處的長安，就快馬加鞭奔馳在荒涼的唐蕃道＊上。

　　即使沿途布有吐蕃積極設立的驛站，使者們仍絲毫不敢懈怠，一路穿林、越嶺、淌河……朝坐落在青藏高原的吐蕃都城──邏些＊──疾疾馳去。

　　在春天的青藏高原上，空氣依舊冰冽。極目四眺，可以望見澄淨高遠的藍天、綴滿桃花與芳草的原野，以及積有潔白冰雪的連綿山巒。

　　吐蕃使者抵達邏些時，已近傍晚。

這座高原上的小都城才剛降下一場春雪，青綠草尖被埋在鬆軟的雪下，遍地一塵不染，彷如白淨無垢的雪域天堂。

邏些雖是吐蕃都城，在遼闊穹蒼和茫茫大地的襯托下，仍顯得寂寥、荒涼。

或遠或近，在吐蕃人民居住的大、小營帳與石砌碉房※裡，隱約燃有熊熊火炬或取暖、炊煮用的火光，看起來猶如散落在夜裡的星子，疏疏密

放大鏡

※唐蕃道　就是現在的唐蕃古道，全長約三千公里，以陝西西安為起點，沿途經過甘肅、青海等地，直抵西藏的拉薩。現今的青藏公路和鐵路，幾乎都是沿著這條古道修建而成的。

※邏些　就是現在的西藏拉薩。

※碉房　從吐蕃王朝到現在，藏族最普遍使用的傳統居住建築就是碉房。這種建築的外觀看起來方方正正的，通常分為三層：底層畜養牲畜，二樓是起居和生活的重心，頂層設有佛堂和用來晒糧食的晒壩。

密的閃爍、顫亮；相形之下，懸在高原上的明月，反而顯得愈加冰冷、遼遠。

在一座火炬輝煌的大碉堡前，使者們猛然煞住紛亂的馬蹄，顧不得疲累、痠痛的四肢與身軀，立即躍下馬背，走進碉堡要求立即面見贊普。

「偉大的贊普，臣等長途跋涉，不分晝夜趕路，安然從唐國回到了咱們吐蕃。遺憾、慚愧至極的是，此次並未能請婚成功，請贊普定臣等之罪。」

才踏進這座大碉堡的主殿，使者們馬上俯首跪拜在地，不敢直視松贊干布的眼睛。

「唐國皇帝如何答覆？」松贊干布的語氣不帶任何怒意。

這位吐蕃王族*第三十二代的贊普，端坐在金銀打造、

鑲有各色寶石的王座上，威嚴、沉穩中，透著游牧民族特有的豪邁雄健氣質。熒熒火光照著他的臉，彷彿替那黑裡透紅的高原膚色＊鍍了層金。

「唐國皇帝十分禮遇我們這一行人，幾乎就要允諾偉大的贊普與公主成親。」

使者頓了頓，又繼續說：

放大鏡

＊根據藏族的傳說，藏人起源於雅礱河谷的澤地，當地流傳著「獼猴變人」的神話傳說──據說，觀世音菩薩化成的獼猴和度母菩薩化身的岩羅剎女魔生下了六隻獼猴，這六隻獼猴慢慢繁衍成了藏族。

然而，根據考古資料顯示：在史前時代，雅礱河谷一帶就有人類活動的痕跡，後來慢慢形成了羌族和藏族部落，藏人的祖先可能就是這些部落融合而成的。

藏族部落於西元 7 世紀建立了吐蕃王朝。在這之前，藏族部落的贊普王位傳襲已久。松贊干布繼承了父親朗日倫贊的王位，是吐蕃王朝第三十二代的贊普。

＊為了對抗高海拔的強烈日晒，藏人會把新生嬰兒的全身都塗上酥油，讓他們晒太陽，如此反覆數次後，就製造出一層足以對抗日晒的保護膜。藏人因此擁有黑裡透紅的膚色，看起來健康又強壯。

「沒料到，吐谷渾使者也同時入朝覲見，故意從中挑撥離間，大唐皇帝因此拒絕這門親事，僅僅答覆：『朕此刻實無法立即允婚，這事他日再議吧。』」

一聽見「吐谷渾」這三個字，松贊干布早已心生嫌隙，又聽見吐谷渾挑撥得逞，阻礙了吐蕃與唐國的親事，這位年輕的贊普不禁氣結，毅然決然下了出兵的決定：

「吐谷渾竟敢壞我吐蕃大事，我吐蕃必出兵征討，否則難以平怒！」

不久，吐蕃即與鄰國羊同聯手攻打吐谷渾。

吐谷渾無法抵抗突來的襲擊，整個部族倉皇奔逃到青海一帶。吐蕃便趁機大肆擄掠吐谷渾人來不及帶走的財產和牲

畜；接著，又一鼓作氣攻破党項和白蘭羌等部落。

貞觀十二年，稱霸青藏高原的松贊干布，意氣風發的帶領二十萬大軍攻入大唐的邊城松州＊；同時，還派遣使者再次遠赴長安，進貢吐蕃工匠精心打造的朱砂寶石鎧甲，以作為向公主求婚的大禮，並且威脅唐太宗：

「如果不許嫁公主，我松贊干布──吐蕃第三十二代贊普──將親自率領五萬精銳大軍，攻打奪取唐國！」

對坐擁四海威望的唐太宗來說，如此充滿敵意的逼婚方式，根本就跟宣戰沒什麼兩樣。

於是，唐太宗下令派遣松州都督韓威應戰，以為輕易就能討平松贊干布。

　　沒想到，韓威卻吃了敗仗。原為唐朝所降服的羌＊，也跟著起鬨叛變，轉而和吐蕃合力反擊唐軍。

　　「看來，朕是過於輕敵了。吐蕃軍隊的精銳與訓練有素，實非我們所想的那麼不堪一擊……」

　　在長安太極宮正殿的晨光中，唐太宗倚在金碧輝煌的龍椅上，一邊沉思默想，一邊聆聽眾臣獻策，盤算著該如何擊潰擾人的吐蕃。

　　「不過，咱們大唐的兵

 放大鏡

＊松州　就是現在的四川松潘，是歷史上有名的邊陲重鎮。

＊羌　是中國最古老的部族之一，分布在現在的甘肅、青海和四川一帶，歷史上的西夏王朝就是由羌人建立的。由於羌族位處唐朝和吐蕃之間，所以在政治和經濟上，皆和兩國有密切的聯繫和互動。

力＊也並非爾爾！」

想著想著，唐太宗的嘴角不禁上揚，露出一抹自信的微笑。

針對邊疆塞外的游牧民族，唐太宗用軍一向善用精銳、敏捷的輕騎兵部隊。

輕騎兵的戰士，身披（或不披）具有保護作用的鎧甲作戰，所騎乘的馬匹則完全不披沉重的戰甲，因此行動輕便、迅速，機動性強，攻守俱佳，還可以遠距離追擊敵人，甚至能長途奔馳到敵方陣營，趁敵人不備時猛然突襲，屢屢立下了大功。

為了再次征討吐蕃，吏部

放大鏡

＊大唐的兵力相當強盛，不僅施行兵農合一的「府兵制」、藉由募兵解決兵源不足的問題，還重用善於騎射技術的蕃將，以及組織胡人軍隊。

尚書侯君集被立為行軍大總管，奉命率領大軍行經當彌道進擊；右領軍大將軍執失思力領軍經白蘭道；左武衛將軍牛進達領軍經闊水道；右領軍將軍劉蘭被立為行軍總管，率領步兵與輕騎兵五萬大軍，行經洮河道攻討。

當時正值盛夏，位居四川盆地的松州一帶，猶如被大火燒炙的大鼎，酷熱難耐。

長途遠征到唐國邊境的吐蕃大軍，並未因此顯出任何疲態；但內部各大臣、將領卻開始意見紛紜，有些人甚至開始對松贊干布心生不服與叛意。

一個悶熱無風的夏夜，由唐太宗親自授命的左武衛將軍牛進達，領著麾下眾多步騎，悄無聲息的，順利夜襲吐蕃軍營，一舉斬下千餘人的首級。

　　唐軍的夜襲對吐蕃大軍的折損其實不大，卻達到了某種程度的嚇阻作用。

　　這批驍勇善戰的吐蕃大軍，從出兵討伐吐谷渾至今，已離鄉數年。由於攻打唐國看似遙遙無期，幾位大臣便奏請松贊干布撤軍返回吐蕃。然而，松贊干布並不答應。其中的八位大臣因此心生不滿而自殺。

　　這位年輕的吐蕃贊普深受打擊，只好黯然下令，將大軍撤回吐蕃，並派遣使者前往唐國長安謝罪。對於請婚一事，他仍不失決心，心中另有盤算。

　　不同於青藏高原與大唐邊疆的紛亂爭戰，此刻的長安依舊太平、繁華。

　　時序已漸入秋，長安的街道與大、小院落鋪滿潔白或金黃的桂花，空氣泛著一股優雅的甜香。

　　當年那片薔薇園的薔薇枝葉長得更茂、更盛了。雖然薔薇花季已過，新栽的各色菊花正漸次綻放，尤其以紫菊開得最為清豔芬芳。

　　「姐姐，妳這字寫得真好、真秀氣。」

　　「別誇我了，妹妹。妳的字才是獨樹一格呢。我爹就說，難得看見女孩子家運筆像妹妹妳那般勁挺的。」

　　當年在窗下對弈的兩個貴族女孩，如今已增長四歲，愈發出落得亭亭玉立。

　　堂姐妹倆站在一堵屏風前，一邊賞玩貼在上頭的字畫，一邊等待今晚家族月宴的

到來。

　　秋高氣爽，整座長安城一掃夏日的煩躁，被這股清和節氣催發得風雅了起來。

　　趁著秋夜月色明朗、花香浮動，李氏宗族中較親近往來的這幾家人，彼此籌措了一場月宴。人人雅興十足的在月光與花蔭下飲酒、吟詩、作樂、歡歌、暢舞與談笑。

　　幾巡熱鬧的酒令、猜謎過後，胡旋舞＊的快節奏音樂浪濤般的席捲了整座園子。不分男女老少，大家紛紛離座，起身曼妙舞動。

　　那對堂姐妹也擺著青春的

　　＊**胡旋舞**　唐朝時由西域傳入的一種舞蹈，節奏明快，以各種旋轉動作為主。唐朝是個人人能歌善舞的時代，舞蹈相當興盛、流行，從上到下各階層都喜愛舞蹈，不僅為了表演，甚至還以此自娛。

身姿，隨著樂音盡興舞蹈。

　　投映在她們眼底的月光、燈火和女人們髮髻上的珠光金飾，頓時朦朧成一片華美的光霧。家人的歡笑聲此起彼落，似乎沒有停歇的一刻。

　　然而，歡舞中的兩個貴族女孩，以及鍾愛她們的家人，卻預料不到──姐妹倆的命運，即將出現重大的轉折……

3 再次請婚

「妹妹，這顆珍貴的薔薇香薰*送妳，以後就貼身帶著吧。不知道……咱姐妹倆還能不能像現在這樣見面、說笑？我想，恐怕是再也沒有機會了。」

「姐姐這一去，嫁得可真遠。吐谷渾……」

貞觀十三年（639年）隆冬，這對從小到大相伴著識書、學禮、對弈、樂舞、打毬*……幾乎無所不談的李氏堂姐妹，一塊兒靠坐在閨床的繡花紗幔

放大鏡

＊香薰　是唐朝貴族婦女最喜歡佩戴的薰香裝飾，通常以金、銀打造而成，設計十分精緻，裡頭燃有各種香味的薰香，香味會透過鏤空的孔洞飄染開來。

＊打毬　是從波斯傳入中國的一種運動，類似今日的馬球。唐朝的貴族階級——包括婦女——都非常喜愛這項運動。

裡，望著窗外遭冰雪覆蓋的薔薇園。

即將年滿十七的堂姐，應皇室之旨，在某次遴選宗室女的場合，深受唐太宗喜愛，因此受封為弘化公主，並被指派與吐谷渾的諾曷鉢可汗和親；明年（貞觀十四年）二月，就得動身前往吐谷渾，嫁與她從未謀面的異邦君王。

「我會好好愛惜這顆薔薇香薰的。」比弘化公主小兩歲的堂妹鼻音濃濃的說，「姐姐即使貴為吐谷渾王后，也總會有回長安省親的時候；這輩子，我們一定可以再見上好幾面，再說說體己話，像現在這般親親密密的挨在一起。」

「但願如此啊，妹妹。」

弘化公主說著，抬起微微泛紅的眼簾，環視自己擺設精

緻的小閨房，對於日後在吐谷渾的生活，充滿了各種不安的想像。

貞觀十四年二月，長安城冬雪未融，春雪又降，天地純白無垠。

在熱烈的婚樂聲中，弘化公主坐上彩繡斑斕的大禮花轎，隨著長長的和親隊伍，緩緩離開雪中的長安，朝唐土西北的吐谷渾出發。

此時，也有一小隊人馬踏著春雪，遠從遙遠的唐土西南方出發，途經弘化公主即將生根落腳的吐谷渾疆界，疾風般的往長安這頭馳來。

領頭的是吐蕃的大論＊噶爾東贊＊。

這位滿面風霜、眉宇堅毅的吐蕃大論，身負重任，必須

儘快趕抵長安，代表吐蕃贊普再次向唐國請婚。

馬蹄聲達達，響遍了冬日將盡的唐蕃道。

春雨綿綿，太極宮正殿內，燃起了增助照明的燈火。氣味莊雅的薰香，裊裊縈繞。

松贊干布進貢的黃金五千兩，以及珠寶珍玩數百種，在金黃燈火的照耀下，熠熠生輝。

「謹請天可汗收下這份微薄聘禮，如同接納我贊普之忠誠心意與一片深情。禮數不周之處，還請天可汗見諒。我舉國上下，莫不殷殷期盼唐國公主能下嫁吐蕃。若能成全，不

＊**大論**　吐蕃人稱大臣為大論。

＊**噶爾東贊**　《新唐書》稱這位吐蕃的大論為薛祿東贊，藏文史集稱他噶爾東贊。

帝為我吐蕃難得且萬分榮幸之至。」

噶爾東贊雖然不懂漢文，卻語熟外交禮節，應對進退相當從容得體，深得唐太宗的賞識與禮遇。

「大論噶爾的談吐如此不凡，貴國贊普松贊干布想必是位知書達禮、愛才惜將的英明君王。相信唐蕃聯姻必能鞏固兩國情誼，足為四海和平之典範。」

唐太宗慨然答應了吐蕃的請婚，允諾將唐國公主嫁與松贊干布。

噶爾東贊一行人不禁露出歡喜的笑容，卻仍不忘從容行禮、退朝，並派遣信使快馬趕回吐蕃稟報松贊干布，以備迎娶尊貴的唐國公主。

但是，該如何擇定和親的

公主人選呢？

　唐太宗所出的幾位公主，大多已過適婚年齡，早就嫁與貴族或重臣，或者年紀尚幼小，一時實在也沒有合適人選。

　同長孫皇后商量後，唐太宗決定再度召集李氏宗族已屆婚齡的少女，面試選拔，底定人選。

　宗室諸家一接獲聖旨，各又是幾番焦急與忙亂。

　有的催促女兒速速離開長安，到鄉下暫時躲避這場遴選；有的恨不得因女而貴，反而愈加呵護女兒，日夜祈求得以雀屏中選；有的雖以平常心看待，但暗地裡仍不免憂慮，畢竟，一般唐人想像中的吐蕃，是遙遠、荒涼且野蠻的「餓鬼之地」。

與弘化公主相當親密的堂妹，如今年屆十五、六，理所當然的，也被列入召選名單中。

那是個仲春午後，應選的貴族少女們個個端坐在皇宮內苑寬敞、明亮的大殿裡，認真、靜悄的揮毫習字。

唐太宗相當喜愛且重視書法，得空便走來慢步觀覽。

「這孩子年紀輕輕，筆下的神采與形質……卻頗得王羲之真髓啊。」*

極傾慕王羲之書法的唐太宗，禁不住立在某個少女身後，細品起她的俐落運筆，以

放大鏡
*唐太宗喜愛書法，最喜愛的是晉代王羲之的書法，甚至還臨摹鑽研王羲之的字帖，自創了名為「飛白」的書法藝術。

及那清雅秀挺的墨痕字跡。

「不知吐蕃人能否懂得鑑賞如此珍奇、奧妙的書法?」唐太宗忍不住喟嘆。

少女聽了,不禁若有所思,執筆的白淨手腕暫時停懸在紙上,微笑著轉過頭來,說:

「吐蕃也是有文字的。吐蕃文字形貌似梵文。

「聽說,是位叫吞米桑布扎＊的吐蕃人改良梵文字母而創造的。字形、用法和我們的文字相當不同。

「不過,我倒認為,世人

＊吞米桑布扎　生於西元7世紀,深受松贊干布重用,曾被派往印度七年,學會了三百多種文字;學成後返回吐蕃,奉松贊干布的指示,創造了一共有三十四個字母的藏文,一直沿用至今。根據藏文史籍,松贊干布先派遣吞米桑布扎前往印度習字並造字後,才在噶爾東贊的建言下,向唐太宗提親。

對於美的喜好和鑑賞，應是不分你我或文化深淺，是互通並相類的。

「如果吐蕃人懂得欣賞、珍惜他們自己的文字，相信也能日漸領會我國書法藝術的奧妙之處。」

這番聽似唐突無禮、卻又深具涵養與見解的答話，讓唐太宗更加仔細端詳少女的氣質和容貌──說話的少女約莫十五、六歲，氣質典麗，長相清秀，彷彿從詩句裡走出來的清靈佳人。

「文成！」

這個響亮的封號乍然躍入唐太宗的腦際。他捻鬚、點頭，得意且爽朗的笑了起來，心中也底定了與吐蕃和親的最佳人選。

說話的少女，正是弘化公

主最親近的堂妹。在唐太宗的欽點下，這個書法精湛的少女受封為「文成公主」，即將成為吐蕃贊普──松贊干布──的王后。

天下父母心！文成公主的父母和家人在得知與接獲聖旨後，一時不知該喜，還是該憂。

文成公主受封後，更不時想起已離鄉背井的弘化公主。即使她內心思緒翻湧，卻仍表現得知命樂天，深怕父母太過擔憂與心傷。

自小生長在長安的她，也更常騎著駿馬或乘坐牛車*，在熟悉的大街小巷穿梭。繫在

放大鏡

＊唐朝以前，牛車是一種相當普遍的日常交通工具；即使是高官重臣等貴族階級，出門也都乘坐牛車。唐朝以後，牛車大都成為婦女的交通工具，車頂還設有車篷。

她腰間的薔薇香薰，不時溢出優雅香氣，把行經的各個角落染上縷縷清氛……

然而，對於吐蕃此次的請婚，藏文史籍＊卻以十分生動有趣的文字這般描述、記載：

噶爾東贊帶著松贊干布交給他的七枚金幣、朱砂寶石鎧甲、金沙一升，以及三卷信函，偕同大臣隨眾一百餘人遠抵長安。

沒想到，印度、格薩爾、大食、霍爾等國，同時也派來了婚使。

唐太宗便出了一道繼一道的難題，要各國使臣鬥智比

放大鏡

＊藏文史集裡所描述的歷史情節，多以藏族神話和弘揚佛法的宗教傳說為主，並把文成公主神化為「度母菩薩」化身，推崇她對西藏社會的文化貢獻。

賽，勝者才得以娶回公主。

這些難題陸續為——

將一條綾帶穿透一顆叫做夏葛摩的翠玉，玉石裡的孔道有如藤蔓般的曲折；

一日之內吃完五百隻羊，並揉好羊皮；

一日之內喝完一百罈酒，不傾灑，不爛醉；

分辨出一百匹母馬和一百匹小馬之間的母子關係；

分辨出一百隻母雞和一百隻小雞之間的母子關係；

分辨出一百段松木的根與樹；

夜裡擊鼓傳喚各國使臣，要他們在夜宴結束後，摸黑返回正確的住所；

最後，要能在三百名盛裝的美女中，認出文成公主。

吐蕃大論噶爾東贊以過人

的智慧，一一一解決了這幾項難題——

　　將絲線綁在一隻螞蟻腰上，絲線另一端縫到綾帶上，再把螞蟻放入夏葛摩的孔洞中，往洞眼吹氣。由於呼氣的催逼，螞蟻就會循著孔道順利爬出玉石另一端的洞口。這麼一來，就可以讓綾帶穿透這顆夏葛摩。

　　要吐蕃的每個使臣各殺一隻羊，剝好羊皮，把羊肉堆在一塊，沾上鹽巴小塊小塊的吃。再列隊輪流揉搓羊皮。如此同心協力，竟揉好五百張羊皮。

　　分給吐蕃使者們各一小酒盅，每次只倒一點酒喝，並按照隊伍順序輪流慢慢喝。如此喝完一百罈酒時，酒既沒有傾灑，也沒人喝醉。

　　把母馬和小馬分開來拴在兩處，只給草料，不給飲水。隔天早上，將小馬放入母馬群中，口渴的小馬就會到自己的母親跟前喝奶。

　　把飼料灑在一片空地上，將母雞和小雞都趕到那裡。這麼一來，母雞和小雞就會成對覓食了。

　　將木頭全部拋進河裡，根較重，便沉進水裡；梢較輕，自然會浮在水上。

　　夜赴皇宮時，每進一門，就塗上顏料做記號。離去前，再向宮中借盞燈籠，便可以循著記號返回正確住所。

　　極力籠絡旅社的女店主，要她說出文成公主的長相特徵。憑著女店主的詳細敘述，噶爾東贊終於順利從三百名盛裝的美女中，認出真正的文成

公主。

　　噶爾東贊的連連機智，教唐太宗口服心服，也對這位大論另眼看待，終於答應讓文成公主嫁與吐蕃的松贊干布為后。

4 和親隊伍

　　貞觀十五年（641年）隆冬＊，皇城太極宮前的廣場上，再度響起熱烈、隆重的婚慶雅樂。

　　盛裝打扮的文成公主，姿態雍容，模樣端麗，被嚴冬大地的白淨雪光襯托得分外豔美；白淨的前額還以青黛淡淡描出幾瓣蓮花＊。即使是仲春時節最教人不捨移目的牡丹，

放大鏡

＊文成公主一行人有可能是在隆冬時節出發的。因為途中必須穿越黃河，此時的河面剛好結冰，一行人可以穩當的踏著冰凍且牢固的河面渡過這條大河。

＊根據藏文史集的傳說，唐太宗曾要噶爾東贊從三百位女子中辨認出文成公主，選對了才能讓松贊干布迎娶公主回吐蕃；噶爾東贊因此設計引誘了曾經是公主侍女的旅店女主人，要她說出公主的特徵：臉色青藍、紅潤有光彩，口中噴出青蓮的芳香，額上顯現了救世度母的特徵。

　　唐朝仕女相當重視化妝。她們在額頭上塗抹黃色的粉彩，甚至畫上或貼上各種美麗的裝飾，這在當時是一種流行時尚。

也不過如此。

在眾侍女的攙扶、簇擁下，文成公主向唐太宗和長孫皇后行大禮，含淚拜別了自己的父母，儀態優雅恭謹。

身負和親與文化交流重任的她，徐徐步下太極宮的寬廣石階，坐進了精緻華美的花轎，準備啟程前往遠在唐土西南的吐蕃。

站在花轎前向她行禮的，是已經在長安暫居一段時日、略通漢語的噶爾東贊。即將迎娶文成公主的松贊干布，特別指派這位大論擔任吐蕃的迎親使，令他務必將公主平安接抵吐蕃。

除了文成公主乘坐的這頂花轎，前前後後的人員、馬匹、騾子、駱駝、各種牲畜、貨物……依序排成了長長一列

的和親隊伍。

持節護送的是同為李氏宗族的禮部尚書——江夏郡王李道宗。

隨行的人員有：侍女、農業技術人員、牧業技術人員、鐵匠、木匠、冶金匠、銅匠、陶瓷匠、石匠、建築工匠、造紙匠、釀酒匠、草繩工匠、廚師、醫師、經史學者、樂師、舞妓……以及馬伕、護衛士兵和各類雜役等。

和親隊伍所攜帶的各種物品，更是琳瑯滿目：書籍（史書、經論文典、兵法、詞學、烹調食品法、配製飲料法……）、佛經三百六十卷（經部、續部）、玉石、珠寶、金銀首飾、綾羅綢緞、醫藥、兵器、炊具、茶具、食品、植物種子、各種器物……簡直繁不

勝數。

　其中，最引人矚目的，莫過於釋迦牟尼十二歲身量的「覺臥」黃金佛像*，以及從文成公主閨房小花園裡剪下、小心供養在潔淨水瓶裡的青綠柳枝*。

　「啟──程──！」

　離別的時辰已到，司儀官員盡職的高聲唱道。莊雅的樂音緊跟著悠悠響起，在隆冬的潔白天地間迴盪不已。

　文成公主的家人，以及送

放大鏡

　＊藏文史集裡的文成公主與藏傳佛教的關係匪淺。根據西藏史籍，當初文成公主的嫁妝包括了一尊十二歲身量的「覺臥」黃金佛像──十二歲的釋迦牟尼像──也就是現在安放在西藏拉薩大昭寺內的佛像。傳說中公主護送佛像前往西藏的景象，目前還可以在西藏拉薩布達拉宮的壁畫上看到。

　＊根據西藏人的傳說，文成公主帶著來自唐土的青綠柳枝抵達西藏，獻給夫婿松贊干布；甚至還說，西藏拉薩大昭寺前的兩棵柳樹，是文成公主親手栽種的。西藏人稱它們為「公主柳」或「唐柳」。

別的親友，忍不住淚如雨下，甚至捧著心口，頓覺肝腸寸斷。

坐在花轎裡的文成公主，卻沉默、冷靜得像尊美麗雕像，任由車輪轆轆，將自己送往未知的遠方。

和親隊伍緩緩出了朱雀門，沿著皇城外的朱雀大街前行，沿路盡是不畏冬寒前來送行或好奇觀看的貴族與民眾，牛車、馬匹、人海一路延展，直至大街盡頭的宏偉城門——明德門。

文成公主悄悄掀起繡有金銀珠玉的紗幔，看著花轎外的繁華長安。

她忽憶起前些日子和噶爾東贊會面的情景。

這位吐蕃大論是個滿面風霜的長者。他不披氈裘，身著

織錦窄袖長袍；氣度與言談，在在展露了過人智慧和寬廣見識。

當時，文成公主正為即將入吐蕃為后，終日思緒紛擾。

「吐蕃，是沒有大唐壯麗的城池，以及廣博精深的文化。這些，也沒有長安的繁華與富麗。我吐蕃歷經三十二代君王統治，雖日漸昌隆，統馭西域諸強，可始終引此為憾。」

噶爾東贊說著，露出了憂心的神情。在呷了口熱茶後，又望著文成公主，微笑的說：

「有鑑於此，我國贊普深盼迎娶公主殿下，不僅緊密唐蕃兩國情誼，並能教化、造福我吐蕃人民。」

聽了這番話，文成公主不禁面露微笑，兩頰微微泛紅。

噶爾東贊緊接著又說：

「然而，在下卻不慚的以為——吐蕃山水之壯闊，絕非長安城池足以比擬。正如我贊普之英明，雖無法與大唐天可汗比擬，但其愛民之心，絕不在大唐天可汗之下。我國贊普對公主殿下的一片深情……就更不用說了。」

大論開始滔滔不絕的讚美松贊干布、講述吐蕃民情，教文成公主又喜又疑，也對未來在吐蕃的生活，有了不同以往的想像與期待。

想起噶爾東贊所說的那些話，坐在花轎裡的文成公主，輕輕放下繡有金銀珠玉的紗幔，決心不再眷戀長安，毅然前往即將安身立命的異域。

長長的和親隊伍依序行出明德門。在莊雅的樂聲中，緩

緩離開了大唐都城。

　　隨隊騎在駿馬背上的噶爾東贊，轉頭回望唐國的長安城一眼，不禁揚起嘴角，露出沉穩且得意的笑容。

　　這位精明幹練的吐蕃大論，由於深受唐太宗重視，差點就被強留下來。

　　唐太宗一心想籠絡噶爾東贊，不但封他為右衛大將軍，還準備將瑯琊公主的外孫女許配給他。

　　忠於吐蕃贊普的噶爾東贊，當然力辭唐太宗的賜婚。

　　起初，唐太宗並不答應，後來倒也沒有強人所難。

　　藏文史籍則再度以曲折有趣的情節，述說了噶爾東贊的這段遭遇，讚美這位藏族英雄的智勇雙全：

　　唐太宗為噶爾東贊娶了個妻子，並賜予一座上等宅院。

　　思念吐蕃、歸心似箭的噶爾東贊，先是不理新婚的妻子，終日不進食，模樣變得又黑又瘦又憔悴；還將腐爛牛皮藏在床下，使自己身上染滿臭氣；把臉塗得又紅又白，看似爛瘡膿血；甚至故意讓御醫診斷自己倒立後的混亂脈息，以及貓腿和雞腿的脈搏，讓人以為他真的氣虛體弱、病入膏肓。

　　唐太宗相當不安，只好問他：「你一向足智多謀。事到如今，有什麼辦法可治好你的病？儘管說吧。」

　　噶爾東贊見機不可失，便回答：「啟稟天可汗，由於陛下強留我待在長安，讓吐蕃的護佑神靈不高興，我才會生病。

請容許我暫時離開長安，到可以看見吐蕃的高山，祭祀山神，或許這場怪病就能痊癒。」

為了祭祀噶爾東贊口中的山神，唐太宗便按照他的請求下令——

燃燒綢緞，匯集一皮口袋的灰；

殺綿羊，取羊脾臟的血，裝滿一羊肚子；

放火燒山林，收集三捆沒有裂縫的木炭；

以及尋找一匹紅頭灰馬。

結果，唐人燒光了綢緞和山林，殺光了綿羊，也無法達到噶爾東贊的要求；倒是找到了一匹紅頭灰馬，能載他到可望見吐蕃的高山。

噶爾東贊出發前，唐太宗向他請教增加農作收成的良方。這位吐蕃大論便故意獻

策：「我們吐蕃總是先將種子放進炒鍋，炒到稍微發黃，再種進地裡。如此，莊稼枝高葉盛，只消三個月就能收成。」

唐太宗聽了，便再度下令，要百姓把青稞炒黃再播種，卻不知即將釀出大禍。

離開長安的噶爾東贊，繼續巧妙用計，擺脫了唐太宗指派隨行的四名侍衛，快馬加鞭朝吐蕃前進，努力追趕文成公主一行人的腳步。

至於唐國這頭，早已被噶爾東贊的各種要求與獻策，搞得民不聊生。

唐太宗派遣追兵，拘捕噶爾東贊。這位老謀深算的吐蕃大論，還是從容逃脫，終於得以和文成公主會合，護送公主安抵吐蕃。

藏文史籍裡的噶爾東贊，精明幹練，心機沉厚。

當時吐蕃的外交政策，作風幾乎也是如此。

就在文成公主啟程前往吐蕃的那年，吐谷渾內部的叛相暗通吐蕃，打算襲擊吐谷渾王后──弘化公主；除此之外，更計畫劫持吐谷渾王投奔吐蕃，甚至連謀反的日期都商定好了。

吐蕃雖屈低身段的請罪又請婚，積極迎娶唐國公主為后，以壯大自己在西域的聲勢；另一方面，卻仍不忘繼續擴張自己的勢力版圖，伺機併吞唐的屬國，甚至罔顧唐國弘化公主的安危。

那一切，是坐在花轎中的文成公主所始料未及的。

5

漫漫長路

出了長安，和親隊伍開始西行*。

在古城咸陽稍事歇憩、整頓後，文成公主和所有隨行人員，一律卸下厚重、繁瑣的禮服與飾物，換上較為輕簡的外出行旅服飾，以便應付接下來的長途跋涉，以及各種艱險的氣候和路況。

隆冬天寒，晝短夜長，路面結霜難行，更不時有大雪茫茫飄落，和親隊伍不得不視天候的狀況趕路。

然而，這一行人畢竟仍在唐國境內，即使離了最繁華、便利的長安都城，沿途依舊布滿富庶的城鎮村莊，隨時都可避風雪、休憩或補給水糧。因

此，一路上有驚無險，倒也沒什麼大礙。

自小深居長安的文成公主，更得以藉著走走停停的機會，好好見識、觀覽都城以外的鄉里風情與景物。

趁著天不降雪、冰牢霜固的好天氣，一行人沿著冰封的渭水河谷，吃力卻順利的翻越了隴山＊。

「柴火！再多添一些柴火。」

「餃子熟啦！快，快端去給那幾位還在照料馬匹的。」

放大鏡

＊吐蕃位在唐朝都城長安的西南方。從長安（今陝西西安）到吐蕃，得經過現在的青海和甘肅，才能抵達吐蕃所在的西藏。

＊隴山　位在今陝西、甘肅邊境，全長約一百公里，是渭河平原與隴西高原的分界，也是農作和氣候的重要分界。

　　冬夜寂寥，由於和親隊伍的臨時進駐，隴山腳下的小村落頓時燈火通明。村民不分老少，沸沸揚揚忙亂了起來。

　　「公主殿下，這一路上辛苦了。隴山已過，今晚請趁早休息，養足精神。」

　　持節護送的江夏郡王李道宗，基於同宗長輩愛護晚輩之心，禁不住切切叮嚀：「請公主殿下在這座小村莊委屈幾天，再動身前往天水＊。到了那裡，就可以好好舒緩舒緩身子了。」

　　「江夏郡王這一路也著實辛苦，更得充分休息才是，否則我還真是過意不去。」文成公主雖然受封為公主，卻絲毫不

＊天水　是甘肅一座歷史悠久的古城，自古就是絲綢古道上的重鎮之一，據說是伏羲氏的故鄉。

70

擺架子，「對了，大家都還好吧？聽說有舞妓生病了。」

「托公主殿下的福，目前一切安好。」李道宗笑著回答，「至於那名舞妓，她是稍微受了點風寒，已叫人照料看顧了。請公主殿下無須掛心。」

「那就好。希望接下來都能這般順利、平安。」文成公主說著，轉頭凝望夜色，思慮重重。

成功翻越隴山的和親隊伍，在這座山腳下的小村莊喘息、養神了數日，又再度啟程，接續前往吐蕃的遙遠路程。

由於趕路節奏調配得宜，一行人如期的趕在冰雪融化前，從靈岩寺※順利渡越黃河。

走走停停，走走停停＊……當和親隊伍抵達青海民和官亭時，正是冰消雪融、百花盛開的草原春日。

「吐蕃的春天，更甚於此啊。」

噶爾東贊不禁憶起家鄉的春日美景，想起青藏高原的瓦藍穹蒼，便情緒高昂的和其他

＊靈岩寺　唐朝時稱靈岩寺，現在稱為炳靈寺，位在甘肅省永靖縣西南約四十公里處、黃河北岸的山崖上。炳靈寺的石窟內有各種大小石雕佛像和泥塑佛像，宏偉瑰麗，從十六國的西秦到清代，歷經各代不斷的開鑿和修繕。
　當初文成公主有可能從炳靈寺渡過黃河。
＊現在的青藏鐵路和青藏公路，就是沿著唐蕃古道建造的。文成公主至少得花上兩年時間才能走完這條古道，抵達吐蕃。文成公主一行人浩浩蕩蕩的，這一路上必定走走停停，在沿途許多地點駐留休憩；這些地方也都流傳著各種各樣關於她的神話和傳說。在青海玉樹結古鎮的文成公主寺內，甚至還有據說是當時隨行工匠所雕的文成公主和八位宮女雕像。在唐蕃古道上，許多據稱是文成公主所留下的遺跡和遺物，都被當地藏人視為珍貴的聖物。

吐蕃使者說唱＊了起來；接著，更趁興將家鄉的美好，以及松贊干布的英明，長長讚美了一番。

噯，世上最珍奇的，
天神化身的公主，
請您細聽我的歌。
我們吐蕃的土地，
吉祥又使人喜愛，
是由五種珍寶構成。
巍峨壯麗的王宮中，
住著天神化現的人主，
名字就叫松贊干布。
他的身姿英俊神武，
他的心地慈悲善良，
看見他就使人欽慕。
……
山上有各種樹木，
地裡有五穀生長，
一切欣欣向榮。

金礦、銀礦和銅礦，
各種珍寶均齊備。
犛牛、綿羊和駿馬，
生息繁衍聚成群。
吐蕃安樂正如此，
珍奇的神妙公主，
請您記住我的話。＊

這陣歌聲沉緩婉轉，聽得
文成公主心生嚮往，暫時忘卻
了白槐連綿的長安春色。

放大鏡 ＊根據西藏史籍記載，遠在松贊干布的吐蕃
王朝之前，王國是由苯教祭司、故事師和謎歌手所統治的。故
事師和謎歌手會用說唱的方式，從宗教的角度向人民敘述世界
和氏族的起源，可以說是掌握了傳播知識的權力。在古代的西
藏社會，「說唱」代表高等智識的行為表現；吐蕃的大相諸臣聚
會時，更會即興說唱自己的看法和意見、對國王的忠心和歌頌，
甚至還可以藉著說唱辯論政事。
＊這段歌詞出自藏文史集。唐太宗故意要噶爾東贊從三百名盛
裝的女子中找出文成公主；噶爾東贊辨認出真正的文成公主時，
一邊欣喜的把公主領出行列，一邊藉著說唱的方式，向文成公
主歌頌英明的松贊干布和美麗的吐蕃家鄉。

接下來繞走青海的這段路途風景，也如這首吐蕃長歌般的醇美、詳寧與壯闊。

花毯般的草原，以及黃澄澄的油菜花田，似乎走也走不盡。和親隊伍一行人，完全陶醉在無邊無際的春光爛漫中。每逢停腳歇息的時候，樂師們難忍雅興，總要暢快的合奏幾曲；舞妓們隨樂擺腰甩袖，眾人也不忘手牽手盡興踏歌＊。

草原繁花轉眼謝去。文成公主一行人漸漸走進濃綠的夏日草原景致裡。

然而，高原夏日短促即

＊唐朝時人十分喜愛且重視舞蹈。每逢節慶活動時，大家會結隊成群的表演踏歌。踏歌的人們手牽手、肩並肩，一起跳躍、踏地的又歌又舞，甚至還伴有輕盈美妙的舞袖動作。

逝。走著，走著……草原不時泛起微涼的秋意。

「前面就是赤嶺了。」江夏郡王策馬來到文成公主轎邊，「這座山並不怎麼險峻，今天天氣又好，如果時辰掌握得宜，應該很快就能抵達山頭，略作休息。」

「那就有勞江夏郡王的帶領。」坐在轎內的文成公主有禮的點頭回應。

赤嶺的山勢不險不峻，和緩易行。一行人秩序井然的攀山爬坡，果然在預計的時辰登上圓隆的山頭。

此時，夏、秋兩季交會，正是草木變換、景物最為動人的時節。

文成公主步出花轎，立在

赤嶺＊山頭，望著分布在山巔兩側、完全迴異的風景——

東邊，豐美的農田間雜著大大小小的村落，熟悉且親切。

西邊，遼闊的草原棲息著成群牛羊，或稀稀落落的牧人營帳。看著，看著，只覺得陌生又淒涼。

想到再也無法輕易見到家鄉的景物，她不禁悲從中來，泊泊流下眼淚；隨行的侍女和

放大鏡

＊赤嶺　現在名為日月山，是祁連山的分支，位在青海省湟源縣南部與共和縣交界處，海拔最高 4877 公尺。唐代時稱為赤嶺。這座山是青海農業區和牧業區的分界線，兩邊的風景完全不同。

　　根據藏人的傳說，文成公主在這座山上摔碎了唐太宗所贈的日月寶鏡。那面寶鏡原是唐太宗的美意——只要打開鏡面，文成公主就可以看見家鄉的親人與景物。噶爾東贊卻暗中將寶鏡換成石頭，文成公主因此以為這是唐太宗特意的安排，希望她斷絕返回家鄉的念頭，於是失望的摔下日月寶鏡，繼續西行，不再留戀長安。

眾人，個個想起自身也是離鄉背井，自然也跟著流淚或嘆氣。

文成公主復又記起自己為何遠赴吐蕃，趕緊收住眼淚，毅然決然轉身面西，不再回頭留戀，以免為思鄉之情所困，無法履行和親重任※。

江夏郡王見了，暗自可憐，也佩服正值青春年華的文成公主，年紀輕輕，居然如此明曉大義。

噶爾東贊靜靜站在一旁觀看，也意味深長的點了點頭。

過了赤嶺，和親隊伍繼續西行。在秋日的湛藍晴空下，他們渡過有如雪白哈達般清澈、蜿蜒的倒淌河※，平安趕抵吐谷渾境內。

吐谷渾王早已得知消息，

派出了大隊人馬接應。

在紛亂的人影中，文成公主一眼就認出久違的弘化公主——她身著華麗的吐谷渾王后禮服，身姿矯健的騎在高大駿馬上，正殷殷凝望著文成公主一行人。

「姐姐，妳好嗎？」

放大鏡

＊唐朝貞觀時期十分強盛，唐太宗實施和親政策，是為了藉著跟外族聯姻，擴大自己的勢力。唐太宗甚至樂觀的認為：嫁出去的公主所生的孩子就是外孫；外孫聽從母親的教導，且具有中原漢族的血統，當然不可能對外公和舅舅發動戰爭。

因此，和外族和親的公主或宗室女都身負和親重任，攸關是否能為唐太宗擴張王朝勢力，以維持唐太宗崇高的「天可汗」地位。

＊**倒淌河**　位在日月山西邊。

據說文成公主渡河時，一想起家鄉，眼淚就撲簌簌的滴進河裡；原本向東流的河水，突然倒淌向西流。文成公主看了，不禁感嘆：「所有的河川都向東流，只有這條河向西。」並把這奇異的景象解釋為：上天要她繼續往西行。

另一個淒美的傳說則是——文成公主的淚水聚成了這條河流。

「妹妹，這一路上辛苦了……」

兩堂姐妹見了，緊緊握住彼此的雙手，一時倒也不知該從何說起。

為了迎接文成公主的到來，吐谷渾特地奉唐太宗之令，在黃河源一帶修築了行館*，供公主與隨行人員暫時居住，以躲避高原嚴冬，等待松贊干布前來迎娶。

噶爾東贊一行人並未跟隨公主進駐吐谷渾，轉而繼續策馬趕回吐蕃，以備來春的迎娶盛事。

放大鏡

*根據《新唐書》記載，文成公主出發前往吐蕃時，唐太宗除了派遣江夏郡王李道宗護送，還「築館河源王之國」，也就是在弘化公主和親的吐谷渾境內修建行館，供文成公主一行人暫時居住。

一些吐蕃史籍也記載：吐谷渾王和貴族都前往迎接文成公主，互贈見面禮，並舉行宴會，以示歡迎和禮遇。

「想不到，咱姐妹倆竟是在這樣的情況下相見。」

在文成公主的河源行館裡，吐谷渾王后——弘化公主——烹煮著來自故鄉唐國的茶葉，心中感慨萬千。

「是啊，真想不到。」文成公主接過王后手中的茶碗，細品了一口，「這兒的冬天……冷嗎？」

「比長安還冷呢。」吐谷渾王后泰然自若的笑著說，「再過一陣子，就會降雪結冰，到處白茫茫的，有如冰雪世界。

「不過，這兒的春天景象，可就教人目不暇給了！那可是長安人所無法想像的呢。」

吐谷渾王后忽收起笑容，面露感傷的說:「到時……也是咱姐妹倆分別的時刻。唉，吐谷渾和吐蕃之間，一向戰戰和

和，關係詭譎多變。妹妹這一去，不知咱們是否還能再相見……」

聽完吐谷渾王后這番話，文成公主不禁擱下手中的茶碗，望著行館外的枯黃秋色，百感交集。

6

柏海相會

　　吐谷渾的冬日極盡嚴寒，漫長難捱。

　　對文成公主與吐谷渾王后來說，卻嫌短促。

　　嚴冬將盡，氣溫漸漸回暖。河源行館外的蒼白冰封景象，逐日不同。每隔一夜，就多添一分綠意。只見大地剛染綠，溪流才潺潺，頃刻間，綠原上又鋪滿五顏六色的小花，幻化為無邊無際的色彩斑斕，一如文成公主花轎上的彩繡色澤。

　　「姐姐，這顆薔薇香薰……也該是物歸原主的時候了。」

　　文成公主說著，解下始終繫在腰上的珍貴香薰，小心翼

翼的放在吐谷渾王后手中。

「妹妹……」

吐谷渾王后若有所悟，眼眶泛紅，難過得說不出話來。

「從明天開始，妳屬吐谷渾，我屬吐蕃，是敵是友，恐怕不是妳我姐妹倆可以隨心選擇或決定……」文成公主慢悠悠的說，「但願妳我的夫君都賢明，吐谷渾與吐蕃和睦相鄰，天下事事太平；也許，我們就還有這般親愛說笑的時候。」

文成公主說話的神情相當嚴肅、堅毅。吐谷渾王后見了，不禁又敬又懼。

「妹妹，妳知道的，吐蕃對吐谷渾一向虎視眈眈……」

吐谷渾王后說著，輕輕捏緊薔薇香薰，低頭沉默不語。

即將成為吐蕃王后的文成

公主，也只能沉默以對。

此刻，離河源行館不遠的柏海──扎陵湖*畔──吐蕃的松贊干布早已領來精銳大軍，準備依約赴吐谷渾迎親。

湖畔的春日草原上，駐滿了深黑色帳幕，處處旌旗飛展。聲勢之浩壯，充分展現了吐蕃強大的軍力陣容。

「起風啦。」

「是水神給的好兆頭呢！你看那湖水……」

隔日早晨，風勢忽強忽弱，天空陰晴不定，已排好迎親陣仗的吐蕃軍馬行列裡，兩名年輕小兵斜眼睨了睨扎陵

放大鏡

*扎陵湖　位在青海省瑪多縣，是黃河上游的大型高原淡水湖，和鄂陵湖同為黃河源頭最大的湖，並稱為「姐妹湖」。新、舊《唐書》都把它稱為「柏海」。

湖，忍不住悄悄讚嘆了幾聲。

被吐蕃人稱為「白色長湖」的扎陵湖，此刻浪濤滾滾，有如在風裡飄捲翻飛的無數白色哈達。為了迎親，湖畔的吐蕃黑帳群，早迅速替換成雪白帳幕。白帳連綿，白浪翻捲，在在洋溢著傳統、盛大的吐蕃喜慶氣氛。

「咚！咚！咚……」

趁著這股好風，迎親鼓樂抖擻、豪邁的敲響起來，霎時蓋過蒼茫的風聲與浪聲。湖上的飛鳥受到驚嚇，成群結隊擊翅高飛，鳴聲幾乎與鼓聲相當；湖水上方的晨空，被一陣繼一陣忽白、忽黑的飛鳥羽色遮蔽，景象異常壯觀。

「良辰吉時已至！請贊普出發，前往迎娶唐國文成公主。」

　　必恭必敬的，噶爾東贊恭請松贊干布踏出御帳，跨上高大的黑色駿馬。

　　鼓聲咚隆震天。吐蕃的迎親隊伍尾隨著松贊干布的馬上身影，浩浩蕩蕩朝河源行館前進。

　　沿途百花燦爛，晨空漸漸轉晴，風勢也慢慢變小。

　　「啟稟尚書大人，吐蕃迎親隊伍即將抵達。」

　　河源行館內外，人人都聽見了這聲宏亮的通報，以及愈來愈響亮震耳的迎親鼓樂。

　　在松贊干布的帶領下，吐蕃迎親陣伏精神抖擻的來到行館門外。

　　吐蕃鼓樂一落定，優雅莊重的唐國禮樂隨之奏響。襯著行館四野的火紅小花，迎親氣

氛由吐蕃的歡烈風格，一下子轉為唐國的沉緩華麗。

在徐緩的禮樂聲中，盛裝的文成公主在吐谷渾王后的牽領與眾多侍女簇擁下，徐徐走到松贊干布面前。

唐國公主的白淨膚色、優雅有致的舉止，以及精緻華美的唐人服飾，教這位稱霸西域的吐蕃贊普讚嘆萬分。

望著英挺健碩的松贊干布，文成公主也擱下了自始至終的忐忑不安，露出淺淺微笑。

「我吐蕃王朝歷代先帝，從未能有松贊干布如此之殊榮，得以迎娶唐國公主為后啊！」

松贊干布不禁歡喜了起來，並豪邁許諾：「我將為公主築一城＊，以誇耀後世；也請

公主不遺餘力，助我吐蕃增長文化。」

　　兩人互贈孔雀羽毛和柳葉枝條，以作為見面禮。孔雀羽毛來自佛國印度，極其珍貴。柳葉枝條剪自文成公主的唐國家園，供養在精緻的淨水瓶裡，一路小心呵護，仍舊青翠如昔。

　　這場婚禮完全按照唐國禮制。

　　拜別持節護送的江夏郡王時，松贊干布行的是子婿之禮，態度十分嚴謹恭敬，絲毫不顯怠慢。

　　在扎陵湖畔舉行的婚宴，

放大鏡

＊當初松贊干布為文成公主所建的宮殿，據說是西藏拉薩的布達拉宮。吐蕃王朝滅亡後，這座宮殿大部分毀於戰火。我們現在所看到的布達拉宮，已歷經無數代的重建與擴建，並成了達賴喇嘛的冬宮。

也依照唐國禮俗，華美或清靈的唐樂演奏不斷，舞妓也展現了最曼妙的舞姿。吐蕃王臣上上下下，人人無不驚嘆。

松贊干布因此更加傾慕唐國文化，決定卸下吐蕃氈裘衣袍，換上唐國精緻的綢緞服飾。

在山光水色的見證下，唐國的文成公主成了吐蕃的王后。她對吐蕃的影響，自此深遠長久，超乎她個人、甚至唐太宗的預料之外。

然而，用以崇揚佛教的藏文史集，對於這段唐蕃和親的記載，卻與漢史大有出入：

前往吐蕃的路上，文成公主一行人走走停停，沿途歷經了各種艱險，以及吐蕃山林神

靈的阻撓；幸而有噶爾東贊的祝禱、護送，和親隊伍終能平安抵達吐蕃。

沒想到，安置覺臥佛像的拉車，卻陷在吐蕃北方的沙地上。一行人只好將佛像留在此處，並在它四周立了四根柱子，以白綢遮蓋，加以供奉。

隔天，公主和侍女們換上華美服飾，攜著琵琶等樂器遊覽觀賞吐蕃勝景。吐蕃臣民見了，也跟著載歌載舞起來。

當時的松贊干布早已先迎娶尼泊爾公主為后。尼泊爾公主瞧見盛裝的文成公主，心生妒意，當面訓起了先來後到之理。文成公主不禁對這門婚事感到諸多懊悔。

另外，噶爾東贊仍無法忘懷在唐國所受的委屈，以及文成公主對吐蕃的鄙夷，也開始

故意百般刁難。

　　他不讓任何人服侍公主主僕。初抵異地，竟無人照料飲食、衣著等日常事務，讓公主一行人深感屈辱、悲痛。即使有機會見到噶爾東贊，這位吐蕃大臣竟推說，這一切都是尼泊爾公主所下的命令。

　　灰心失望之餘，文成公主便令人將覺臥佛像抬上拉車，整理行裝種種，決定動身返回唐國。

　　噶爾東贊趕緊前來阻止，告知回程的路途險阻，並安排松贊干布與文成公主會面。

　　公主委屈的向松贊干布哭訴，噶爾東贊倒趁機抱怨唐人對吐蕃的蔑視與偏見，一時教公主羞愧不已，不再多言。

　　藏文史集裡的文成公主，

新嫁時滿腹委屈。

　　漢文史集裡的文成公主，
卻繼續領著和親隊伍，跟隨夫
婿翻越巴顏喀喇山，一路朝吐
蕃前進。

7 吐蕃歲月

「這是吐蕃傳統，怎可說改就改？」

「我倒覺得改了也好。在臉上抹這東西，其實怪不舒服的。」

「那麼，誰來替我們擋那些看不見的妖魔鬼怪呢？」

文成公主才抵達邏些沒多久，就引發一陣不小的爭議。

曾經歡天喜地、熱烈迎接文成公主的吐蕃人民，如今窩縮在各自的營帳或碉房裡，低聲討論著「廢禁赭面」這道新令。

由於青藏高原寒風凜冽，早期的吐蕃人一向以赭色的糖土混合物塗臉，以便保護脆弱的臉部肌膚。久而久之，人們

99

忘了原本的用意，加上苯教*盛行，都說赭面可驅魔避邪；即使不舒服，吐蕃人民仍舊固守這項傳統，以免為自己帶來任何不吉或不幸。

來自唐國的文成公主，在初抵邏些的那個朝晨，正喜於高原空氣的清新潔淨，以及邏些四野的遼闊壯麗，卻被車轎外突如其來的紅面人海，嚇得撫緊心口，差點失態。

幾經了解、甚至親自嘗試後，文成公主發覺，赭面非但不舒適，且容易引來蟲子、沾惹沙塵，實在不怎麼衛生，況且也未必真能保護皮膚免受風

*苯教　是藏人最早的原始宗教。在佛教還未傳入前，相當盛行。苯教信仰萬物，認為萬物皆有靈，崇拜的對象包括天、地、日、月、星宿、雷電、冰雹、山川、土石、草木、禽獸等大自然裡的事物。

寒。

「聽說，近來有些我們吐蕃人民，由於臉部遭冰霜凍傷、長瘡化膿，卻仍遵從赭面習俗，導致傷口惡化。隨我來吐蕃的大夫們曾勸他們暫時不要赭面，好幫助傷口痊癒；病人卻露出驚懼之色，說是不赭面，妖魔鬼怪會趁機入侵。」

在新落成的這些城裡，趁著與松贊干布品飲唐國茶、談論佛學之際，文成公主不禁面露憂慮的提起這項吐蕃傳統。

「其實，只要一心向佛，何來妖魔鬼怪等外物侵擾呢？如此無來由的赭面避邪之說，反而適得其反。」

「公主說的極是。唐人不赭面，卻也無妖魔鬼怪入侵這等忌諱之說。」

如今一心傾慕唐國文化的

松贊干布，更熱中於吐蕃的漢化與弘揚佛教，對於公主所提的各項有利建言，無不讚許。

「那麼，倒不如廢禁這項習俗，以免危損我臣民健康。大論，你說呢？」

「贊普英明。」坐在一旁的吐蕃大論噶爾東贊，也相當贊同文成公主的見解，以及松贊干布的廢舊立新。「吐蕃人民也許一時無法適應，但日後必能體會贊普與公主這番苦心。」

吐蕃向來沿襲的赭面風俗，因此廢除了。人民日漸習慣以潔淨面目見人，甚至在相較之下，體會出以往赭面所帶來的諸多不便。

然而，出乎文成公主意料的是——中唐以後，吐蕃人這項赭面習俗，卻在長安城裡大為流行。時髦的唐國婦女們，

都爭相用胭脂將兩頰塗得紅膩豔美呢。

除此之外，松贊干布還下令吐蕃貴族諸臣等，一律改穿唐國風格的絲綢服飾。

文成公主所帶來的紡織和刺繡工匠，甚至文成公主和多位隨身的侍女，在在以巧手展現了精緻的織布與刺繡藝術，引發吐蕃貴族婦女對唐人服飾的風靡。隨著貴族衣著風格的更改，素樸的邏些城也忽而精緻優雅了起來。

一般吐蕃人民見了貴族身上的精緻衣料和刺繡，也爭相仿效。吐蕃社會的紡織與刺繡工藝，因此大為精進。精緻華麗的絲綢，更成了吐蕃貴族的珍愛之物。

邏些城裡裡外外，因文成公主領來的和親隊伍，人民的

生活開始有了諸多改變——

一向崇懼大自然、對高原天候逆來順受的吐蕃人民，原本只是單純的逐水草而居。各種吃食、衣著和用物，都取自身邊動物的乳汁、肉、脂肪、毛皮、骨頭等。

如此簡單的畜牧方式，在唐國畜牧人員的指導下，漸漸有了更多元的變化與進步：吐蕃人民開始懂得製作奶乾、提煉酥油、配種與放牧增殖。

以牧立國的吐蕃，更習得了如何善用這片高原土地的農業技術。原本只知適時播種、等待採收的吐蕃人，由於唐國農業技術人員的指導，漸漸學會了製作灌溉用的水車、以二牛抬扛的方式耕作、磨穀物並學會分辨穀種。

吐蕃的各項工藝在當時並

不怎麼發達。經由唐國鐵匠、木匠、銅匠、陶瓷匠、石匠等的指點和技藝傳授，吐蕃人的各項生活用器與製作工藝頓時大為改善與精進。

唐國的茶葉與茶磚，也受到吐蕃人的喜愛。飲茶日漸蔚為風尚。吐蕃人不惜以馬、牛和羊毛，與唐人互換珍貴、香郁的茶葉。

整座邏些城瀰漫著一股濃濃的唐風。不僅如此，在日漸繁華喧騰的邏些都城外，在通往唐都長安的唐蕃道上，由吐蕃諸豪子弟組成的求學隊伍，正趕赴遙遠的長安，以備進入國子監＊學習詩書。

放大鏡

＊國子監　是唐朝的最高學府，設在長安。由於聚集了眾多優秀學者，名氣遠播，許多外族都派遣優秀子弟前來長安就讀。

　　吐蕃人心性堅毅，敏銳善學，在學術上有所成就者，為數不少。後來就有位仲琮精通漢文，能與唐皇從容應對，連唐人都自嘆不如。

　　除了派遣貴族子弟留學國子監，松贊干布還力邀唐國文人前來吐蕃撰寫典籍與處理各項文書事務。

　　文成公主與松贊干布的婚姻，緩和了唐蕃的緊張關係；為粗獷樸實的吐蕃文化，注入了精緻繁麗卻不失豪邁大氣的唐國性格。

　　根據藏文典籍，多才多藝且美麗的文成公主，還精通八十五種五行算的卜卦、星算與風水地理。

　　由於文成公主特殊的堪輿才能，由尼泊爾公主籌建的大昭寺，才能擺脫神鬼的百般阻

撓，順利興建落成。

文成公主更另建小昭寺，寺門朝唐國方向開啟。整座寺廟充分展現了吐蕃與唐國風格互相揉合的異趣。

新婚的文成公主和松贊干布融洽恩愛。吐蕃對唐國的態度，也比以往更顯尊崇與屈從。

貞觀二十年（西元646年），唐太宗征伐高麗＊凱旋歸國，松贊干布還特別要噶爾東贊上書賀喜，並命令吐蕃工匠打造高七尺、內裡盛有三斛美酒的金鵝一隻，以作為進獻的賀禮。

貞觀二十二年，王玄策奉旨出使天竺＊。中天竺王尸羅

＊**高麗**　唐朝時建立於今中國東北和朝鮮半島北部的國家。
＊**天竺**　就是現在的印度。

逸多亡後，大臣阿羅那順不僅奪位，還出兵攻擒王玄策等人。王玄策趁機脫逃，順利抵達吐蕃西境，號召鄰近各國兵力協助，準備討伐阿羅那順。松贊干布得知消息，隨即發動一千兩百名吐蕃精兵與尼婆羅七千名騎兵，終於成功擊敗中天竺，並不忘派遣使者進獻中天竺戰俘。

唐高宗繼位後，為了籠絡吐蕃，便封松贊干布為駙馬都尉與西海郡王。

松贊干布因此上書長孫無忌*：

「天子才剛剛即位，若有

放大鏡
*長孫無忌　是唐太宗的皇后長孫氏的哥哥，好學且博學，是唐朝開國的大功臣；還參與玄武門之變，幫唐太宗奪得帝位。後來因為反對唐高宗立武則天為皇后，被流放到現在的貴州，被逼自縊而死。

誰不表效忠，願出兵赴大唐共同討伐。」

另外，他還特地獻上金銀珠寶十五種，要求放置在唐太宗的靈座前，更不忘奏書「請蠶種、造酒、碾、磑、紙、墨等工匠」。

唐高宗對於松贊干布的這番赤誠，十分讚許，進而加封為賓王，另賜雜綵三千匹，並應允吐蕃對於工藝技術的渴望。

遠嫁吐蕃的文成公主眼見、耳聞兩國之間的融洽交流，以及松贊干布表露無遺的赤誠與關愛，對吐蕃這片異地，更添了份深厚情感。

8

唐柳長青

「謝謝皇上的好意。不過，我還是決定留在吐蕃。這裡，早已經是我的家鄉，離不開了。」

唐高宗永徽元年（650 年）五月，松贊干布去世，唐國派遣使者前往弔祭，同時請文成公主一起返回長安。文成公主立即婉拒了唐高宗的這番好意。

望著公主堅毅的神情，唐國使者也不便再費心勸說。

由於文成公主與松贊干布並無子嗣，便立松贊干布的孫子棄芒論芒贊為新贊普，由噶爾東贊輔佐國事。

然而，唐蕃之間的平和氣氛，卻隨著松贊干布的去世，一點一滴消散。

「從明天開始，妳屬吐谷渾，我屬吐蕃，是敵是友，恐怕不是妳我姐妹倆可以隨心選擇或決定……」

當年在河源行館歸還薔薇香薰時，文成公主對弘化公主說的那番話，真是一語道破了這對堂姐妹日後的關係與處境。

吐蕃雖然繼續派遣使者要求與唐國和親，或獻金銀珍寶示好；另一方面，卻仍繼續與唐國邊境的軍隊與吐谷渾衝突不斷。併吞蠶食唐國屬地的野心，與日俱增。

高宗顯慶五年（660年），噶爾東贊派遣大軍襲擊吐谷渾，由於吐谷渾大臣素和貴叛變，投奔吐蕃，詳實吐露了吐谷渾兵

力的虛實。吐蕃因此大勝。

落敗的吐谷渾王諾曷缽可汗與弘化公主，只好領著殘存的兵馬，倉皇逃到涼州，請求唐軍協助。

邏些城內，文成公主早已聽說了吐谷渾的慘況，心中著急萬端，卻也無計可施。

望著邏些城外的蒼茫天色，文成公主彷彿聽見了陣陣馬鳴與廝殺叫囂，彷彿看見了連綿的烽火，以及弘化公主狼狽的面容。

但她也只能靜靜端坐在邏些宮闕深處，虔心禮佛，默默祈求弘化公主的平安。對於吐蕃和吐谷渾的戰事，她絲毫插不上手。

唐乾封二年（667年），吐蕃大

論噶爾東贊去世，由他的兒子欽陵接手治理國政。

儀鳳四年（679 年），吐蕃贊普棄芒論芒贊去世，由兒子器弩悉弄繼位，國政仍由欽陵繼續執掌。

唐國與吐蕃依舊衝突不斷，關係逐日惡化。以往威名遠播的大唐，如今屢戰屢敗，加上唐高宗外交處理不慎、決策錯誤，只能任由吐蕃攻城掠地、騷擾邊境＊。

唐永隆元年（680 年）的某個春

放大鏡 ＊從唐朝的角度來看，吐蕃雖然向唐朝稱臣、要求和親，但其和親的動機也是為了擴大自己的勢力。唐高宗以後，吐蕃更是動不動就挑起戰爭，時不時又主動求和，讓唐朝不堪其擾。唐代宗廣德元年（763 年），吐蕃大兵甚至入侵長安，大舉擄掠了十五天之後，才揚長而去。

晨，邏些城的宮闕深處，泛起了一陣不小的騷動。

侍女們上下來回奔波，念誦佛經的人聲不斷。

年邁的文成公主，病懨懨的躺在華美的綢緞床褥上，望著窗外漸漸泛藍的高原晨空，忽想起春天裡該是白槐花盛開的長安，以及那座充滿童年回憶、飄著青翠嫩柳的園子。

她極力撐起身子，吸了口邏些春晨的冰冷空氣，在松贊干布為她所建的這座都城裡，慢慢閉上了眼睛……

邏些城裡裡外外，隨即響起無數的哭泣與嗚咽聲。

文成公主宮室的窗外，在那遙不可見的遠方，唐國與吐蕃的軍隊仍在苦戰。

在更遠的長安城裡，一切

繁華依舊。新一代的李氏宗族子孫，以及唐國老少，恐怕早已記不得這位在青春年華離鄉、和親吐蕃的大唐公主了。

一接獲文成公主去世的消息，唐國立刻派遣使者前往吐蕃弔祀。

從此長眠吐蕃的文成公主，再也沒有機會跟隨來自家鄉的使者，返回曾經朝思暮想的長安。

文成公主與松贊干布的這段姻緣，間接促使唐蕃兩國使者頻繁往來，不僅增進彼此文化上的了解，也大大促進了彼此的交通與貿易。

雖然唐蕃之間的關係持續緊張，但文成公主卻受到當時吐蕃人的景仰與愛戴。當今的西藏人依然敬愛這位來自漢地

的公主，並將她視為護佑西藏的神祇崇拜*。

如今，只要沿著唐蕃古道走一遭，沿途的藏人會熱忱的告訴你，文成公主曾在哪裡教導當時的吐蕃人民種植莊稼、織布，文成公主曾待過哪座寺廟，文成公主曾令隨行的雕刻師傅刻了哪些佛像……

除了這些穿鑿附會、神祕美麗的傳說，藏人更說：拉薩大昭寺前的那棵老柳樹，就是當初文成公主帶來的柳枝所長

放大鏡 ＊根據藏文史籍的說法，觀世音菩薩為了教化藏人，化身為松贊干布，降生在吐蕃；至於前來幫忙觀世音菩薩的顰眉度母和救世度母，則各化身為尼泊爾公主和文成公主。

現在的西藏拉薩大昭寺裡，就供奉了松贊干布、文成公主和尼泊爾公主三尊神像。在藏人的心目中，文成公主早已化身為護佑西藏的神祇，甚至連傳說中由她所栽種的公主柳都有靈，可以幫助藏人消災解厄。

成的。他們親切的稱它為「公主柳」，更不忘瞻仰禮拜這株傳奇的老樹。

不論事實真相如何，文成公主可說是開啟了漢藏文化接觸的開端，她對西藏這片土地的影響，正如大昭寺前的那株古老唐柳，深植在每個西藏人的心中，神聖美好，亙古長青。

文成公主

小檔案

623 年	文成公主出生。
634 年	吐蕃松贊干布遣使求婚。
638 年	吐蕃因求婚未遂，兵擾唐松州。
640 年	唐以弘化公主與吐谷渾和親。
641 年	唐以文成公主許吐蕃松贊干布。
646 年	唐太宗伐高麗回，松贊干布上書賀喜。
650 年	松贊干布去世，唐遣使前往弔祭。
680 年	文成公主去世。

獻給孩子們的禮物

「世紀人物100」

訴說一百位中外人物的故事

是三民書局獻給孩子們最好的禮物！

◆ 不刻意美化、神化傳主，使「世紀人物」
  更易於親近。

◆ 嚴謹考證史實，傳遞最正確的資訊。

◆ 文字親切活潑，貼近孩子們的語言。

◆ 突破傳統的創作角度切入，讓孩子們認識
  不一樣的「世紀人物」。

兒童文學叢書

文學家系列

每一個文學家的一生，都充滿了傳奇……

「文學家系列」，

邀您進入文學大師的祕密花園！

榮獲第五屆
人文類小太陽獎

震撼舞臺的人
戲說莎士比亞

愛跳舞的女文豪
珍・奧斯汀的魅力

醜小鴨變天鵝
童話大師安徒生

怪異酷天才
神祕小說之父愛倫坡

尋夢的苦兒
狄更斯的黑暗與光明

俄羅斯的大橡樹
小說天才屠格涅夫

小小知更鳥
艾爾寇特與小婦人

哈雷彗星來了
馬克・吐溫傳奇

解剖大偵探
柯南・道爾vs.福爾摩斯

軟心腸的狼
命運坎坷的傑克・倫敦

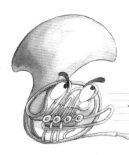

音樂家系列

沒有音樂的世界，我們失去的是夢想和希望……

每一個跳動音符的背後，到底隱藏了什麼樣的淚水和歡笑？
且看十位音樂大師，如何譜出心裡的風景……

由知名作家簡宛女士主編，邀集海內外傑出作家
與音樂工作者共同執筆。平易流暢的文字，活潑
生動的插畫，帶領小讀者們與音樂大師一同悲
喜，靜靜聆聽……

國家圖書館出版品預行編目資料

任重道遠：文成公主 / 默默著;王緋繪. －－初版二刷.
－－臺北市：三民，2011
面; 公分.－－(兒童文學叢書 / 世紀人物100)

ISBN 978－957－14－4946－3 (平裝)

1.文成公主 2.傳記 3.通俗作品

782.8411   96024742

©   任重道遠：文成公主

著 作 人	默 默
主 編	簡 宛
繪 者	王 緋
發 行 人	劉振強
著作財產權人	三民書局股份有限公司
發 行 所	三民書局股份有限公司
	地址 臺北市復興北路386號
	電話 (02)25006600
	郵撥帳號 0009998-5
門 市 部	(復北店)臺北市復興北路386號
	(重南店)臺北市重慶南路一段61號
出版日期	初版一刷 2008年2月
	初版二刷 2011年1月修正
編 號	S 781660

行政院新聞局登記證局版臺書字第○二○○號

有著作權·不准侵害

ISBN   978－957－14－4946－3   (平裝)

http://www.sanmin.com.tw   三民網路書店
※本書如有缺頁、破損或裝訂錯誤，請寄回本公司更換。